어르신을 위한
손글씨
한글 따라쓰기

KB113726

어르신을 위한
손글씨 한글 따라쓰기

5쇄 발행   2025년 1월 20일

지은이   시사정보연구원
펴낸이   권윤삼
펴낸곳   도서출판 산수야

등록번호   제1-1515호
주소   서울시 마포구 월드컵로 165-4
우편번호   03962
전화   02-332-9655
팩스   02-335-0674

ISBN 978-89-8097-497-9   13710

값은 뒤표지에 있습니다. 잘못된 책은 바꾸어 드립니다.

이 책의 모든 법적 권리는 도서출판 산수야에 있습니다.
저작권법에 의해 보호받는 저작물이므로
본사의 허락 없이 무단 전재, 복제, 전자출판 등을 금합니다.

이 도서의 국립중앙도서관 출판시도서목록(CIP)은
서지정보유통지원시스템 홈페이지(http://seoji.nl.go.kr)와
국가자료공동목록시스템(http://www.nl.go.kr/kolisnet)에서 이용하실 수 있습니다.
(CIP제어번호: CIP2020010628)

기억력 회복과 치매 예방을 위한 한글 손글씨

어르신을 위한 손글씨 한글 따라쓰기

시사정보연구원 지음

- 선긋기부터 시작하는 한글 자음과 모음 따라쓰기
- 큰 글씨에서 작은 글씨로 이어지는 체계적인 한글 연습
- 마음을 전하는 편지 손글씨 인사말 따라쓰기
- 기억력 회복과 치매 예방을 위한 단계별 한글쓰기 두뇌 훈련

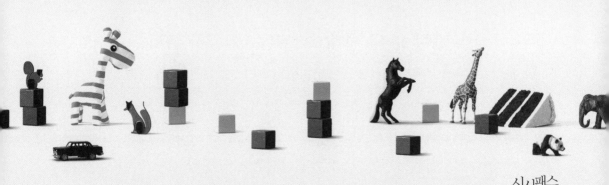

시사패스
SISAPASS.COM

머리말

한글을 따라 쓰며 기억력을 회복하고 치매를 예방한다

　백세 장수 시대를 사는 어르신들은 육체 건강 못지않게 두뇌 건강에 신경을 씁니다. 어르신들은 나이가 들어 기억력이 떨어지면 막연하게 치매를 걱정하기도 합니다. 몸은 운동으로 건강하게 관리할 수 있지만 두뇌는 건강하게 관리하기가 쉽지 않기 때문입니다.

　한글·한자 손글씨 따라쓰기 책을 꾸준히 출간한 시사정보연구원과 시사패스는 두뇌 건강과 관련하여 손글씨의 효과에 관심을 가지고 손을 직접 움직이는 행위들이 뇌를 활성화시킨다는 많은 연구 자료들을 검토하고 확인하였습니다. 최근 뇌과학 연구 자료들은 손뿐만 아니라 발과 몸의 움직임도 뇌의 활성화와 연관이 있다는 사실을 보여줍니다. 그림, 춤, 운동처럼 신체의 모든 부위 움직임이 뇌와 연결되어 있기 때문입니다. 어르신들이 춤이나 운동, 그림 그리기 같은 활동을 활발히 하면 두뇌를 건강하게 유지할 수 있습니다.

　그런 관점에서 아이들이 글을 배울 때 천천히 또박또박 글씨를 쓰면서 익히는 것처럼 어르신들이 한글을 손으로 직접 따라 쓰고 소리 내어 읽으면 기억력 회복과 치매 예방에 많은 도움이 됩니다. 시사패스가 아이들이 한글을 배우듯이 어르신들이 한글을 따라 쓰며 두뇌 훈련을 할 수 있도록 『어르신을 위한 손글씨 한글 따라쓰기』를 출간한 것도 그런 이유 때문입니다.

　손글씨의 학습효과와 더불어 시사정보연구원이 한글 손글씨 책과 한자 고전 손글씨 책을 기획하고 출간하면서 발견한 손글씨의 효과가 또 있습니다. 여백을 손글씨로 채워나가는 만족감과 성취감이 그것입니다. 의미 있는 내용의 손글씨로 빈칸을 채우거나 여백을 채우는 행위는 자신의 생각을 표현하는 활동입니다. 종이의 여백을 채우다 보면 성취감이 생기고 만족감이 생깁니다. 어르신들이 손을 직접 움직여 따라쓰기로 책 한 권을 완성하면 얻을 수 있는 유익이 많습니다. 『어르신을 위한 손글씨 한글 따라쓰기』 책이 어르신들의 기억력 회복과 치매 예방뿐만 아니라 소소한 성취의 즐거움을 일깨워주기를 기대합니다.

어르신들의 기억력 회복과 치매 예방을 위해 기획한 이 책의 특징

- **스스로 글씨 연습이 가능한 글자의 기준선 표시**

  글자의 기준선을 표시하여 어르신 스스로 글씨 연습을 할 수 있도록 구성하였습니다. 기준선에 맞추어 신중하게 글씨를 쓰는 연습은 두뇌를 활성화합니다.

- **선긋기부터 시작하여 자음과 모음 익히기**

  한글쓰기의 기본이 되는 선긋기부터 차근차근 따라 쓸 수 있도록 구성하였습니다. 선긋기와 한글 자음과 모음 따라쓰기는 좋은 두뇌 훈련 과정입니다.

- **자음과 모음을 이용하여 한글을 만들고 익히기**

  한글 자음과 모음을 이용하여 글자를 만드는 과정을 설명하여 누구나 한글을 읽을 수 있도록 구성하였습니다. 어릴 때 반복했던 한글 쓰기 훈련을 다시 떠올리며 한글을 읽고 쓰는 과정은 어르신의 기억력 회복을 돕습니다.

- **치매 예방을 위한 한글 문장 손글씨 연습**

  나이가 들어 기억력이 저하되면 치매 걱정이 앞섭니다. 뇌과학자들의 연구에 따르면 손을 움직여 글씨를 쓰면 기억력이 회복되고 치매에 걸리는 확률도 현저하게 낮아진다고 합니다. 손을 움직이며 의미 있는 한글 문장을 천천히 읽고 따라쓰기를 반복하는 것은 치매 예방을 위한 좋은 두뇌 훈련 과정입니다.

차례

1장
한글 쓰기를 위한 준비 단계

- 글씨 쓰기 준비자세
- 선 긋기 연습
- 쉬어가기 나를 소개합니다

글씨 쓰기 준비자세

* 모든 활동에는 준비자세가 있습니다

글씨를 쓸 때도 운동을 시작할 때와 같이 준비자세가 필요합니다. 갑자기 운동을 하면 근육이 뭉치거나 긴장하여 다치기 쉬운 것과 같이 글씨를 쓸 때도 바른 자세로 앉아서 필기구를 바르게 잡는 게 중요합니다.

* 글씨를 잘 쓰려면 올바른 필기구 잡는 법을 알아야 합니다

글씨를 쓰기 위해서는 연필이나 펜 등 필기구를 올바르게 잡는 방법을 알아야 합니다. 필기구는 너무 멀리 잡거나 너무 가깝게 잡아도 안 되며, 손에 힘을 너무 많이 주어도 안 됩니다. 또한 지나치게 곧게 세우거나 엄지와 중지 사이에 깊숙하게 잡아서도 안 된답니다.

그렇다면 필기구를 잡는 올바른 방법은 무엇일까요? 필기구는 편안한 자세에서 팔을 공책 위에 자연스럽게 올려서 가운데 손가락으로 받치고 엄지와 검지로 적당히 힘을 줘서 잡는 게 가장 올바른 방법입니다. 지면에 손목을 굳게 붙이면 손가락 끝만으로 쓰게 되므로 손가락 끝이나 손목에 의지하지 말고 팔로 쓰는 듯한 느낌으로 글을 쓰는 게 좋습니다.

* 바른 자세를 익혔다면 선 긋기 연습을 시작합니다

선을 긋는 것은 글자를 쓰기 위한 기초로 손과 손가락의 힘을 조절하고 직선과 사선과 곡선 등의 특징을 익힐 수 있습니다. 이런 과정들은 자신만의 근육운동으로 근육에 저장되고 뇌에도 저장됩니다. 왼쪽에서 오른쪽, 위에서 아래, 오른쪽 위에서 왼쪽 아래로 사선 긋기, 둥글게 그리기, 세모, 네모 등 다양한 모양으로 연습해 보세요.

선 긋기 연습

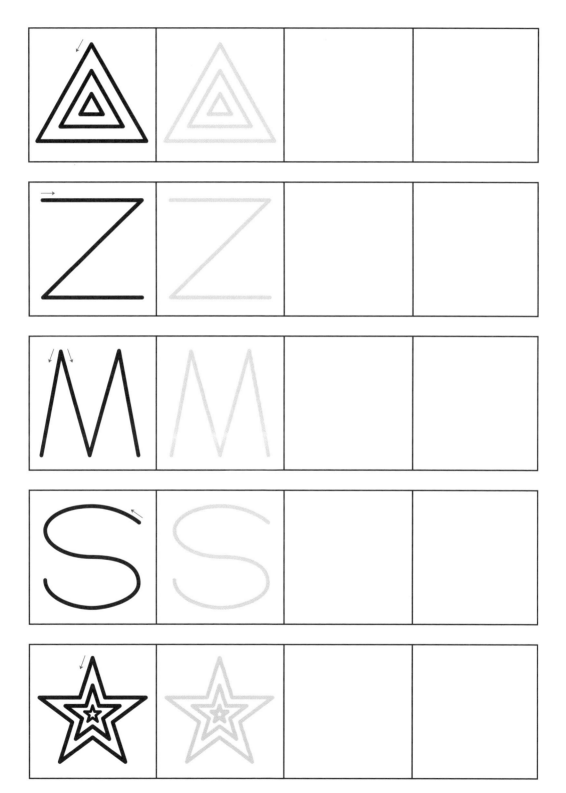

나를 소개합니다

이름:

주소:

나의 취미 :

좋아하는 색깔:

나의 꿈:

좋아하는 물건:

좋아하는 사람:

좋아하는 글:

2장
한글 익히기

- 자음자를 차례에 맞게 써 봅시다
- 모음자를 차례에 맞게 써 봅시다
- 자음자와 모음자를 합하여 써 봅시다
- 자음자와 모음자를 합하여 써 봅시다
- 숫자 쓰기

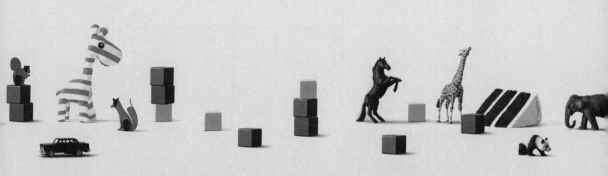

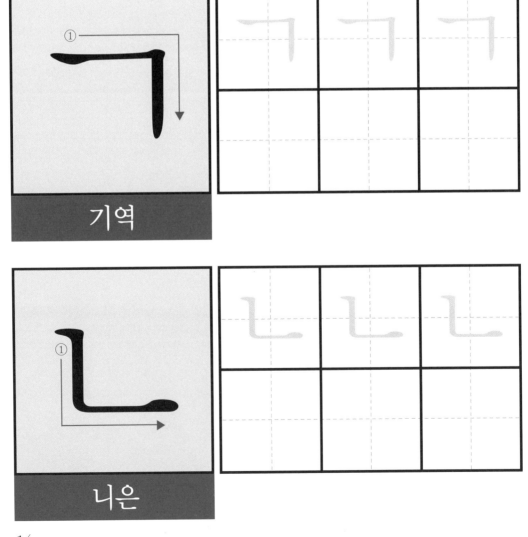

기역

니은

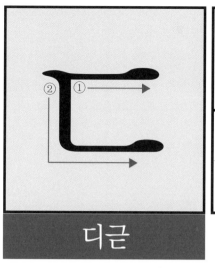

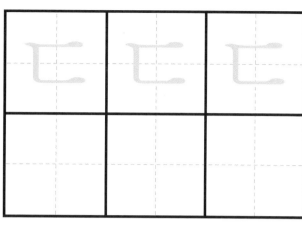

디귿

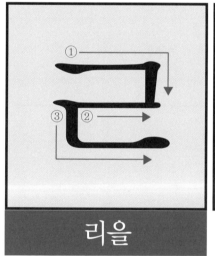

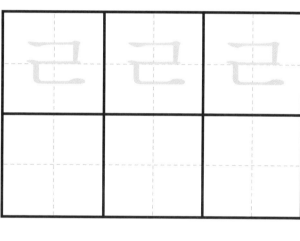

리을

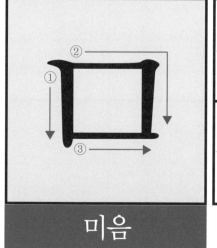

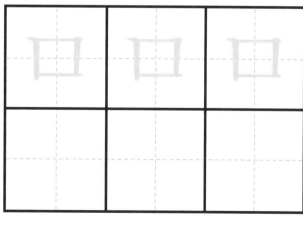

미음

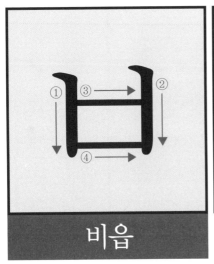

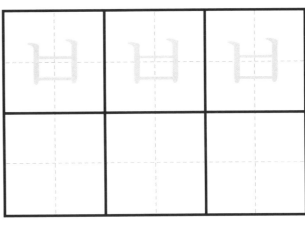

비읍

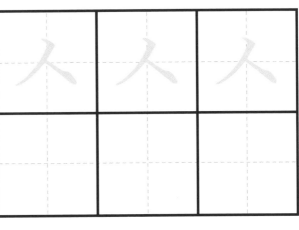

시옷

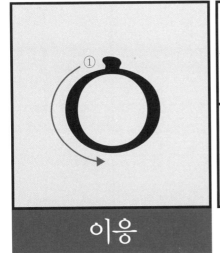

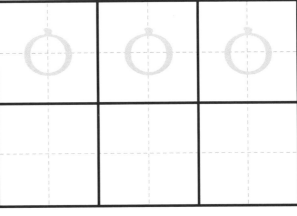

이응

16

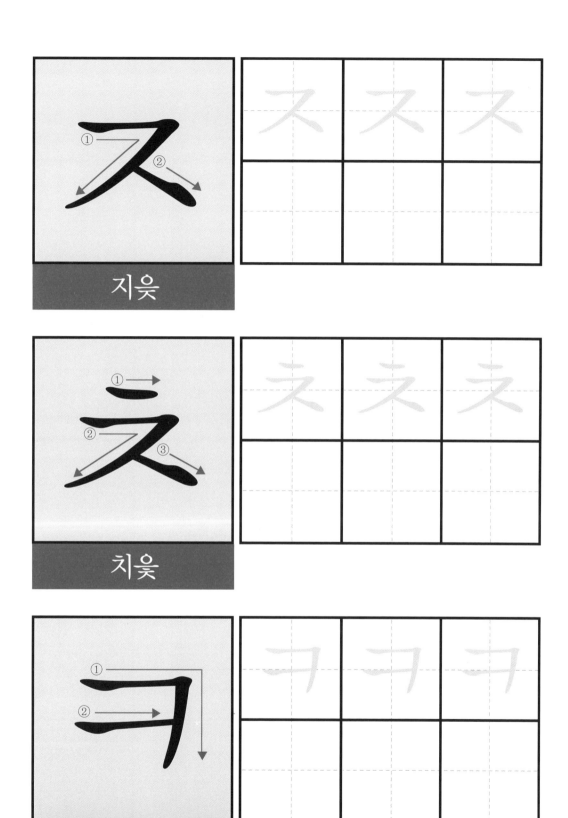

지읒

치읓

키읔

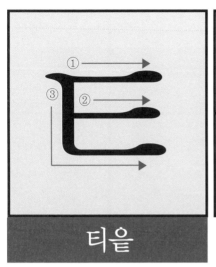

티읕

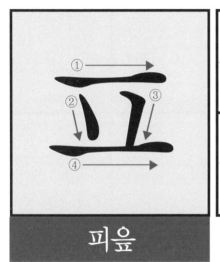

피읖

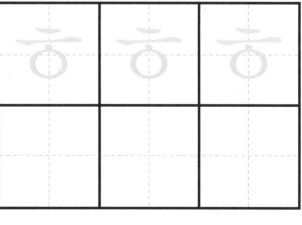

히읗

18

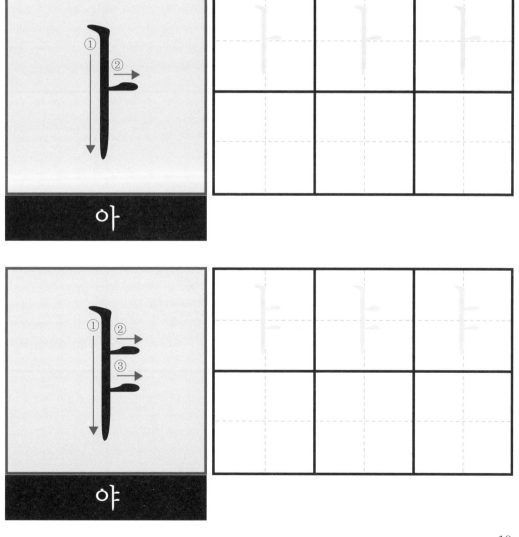

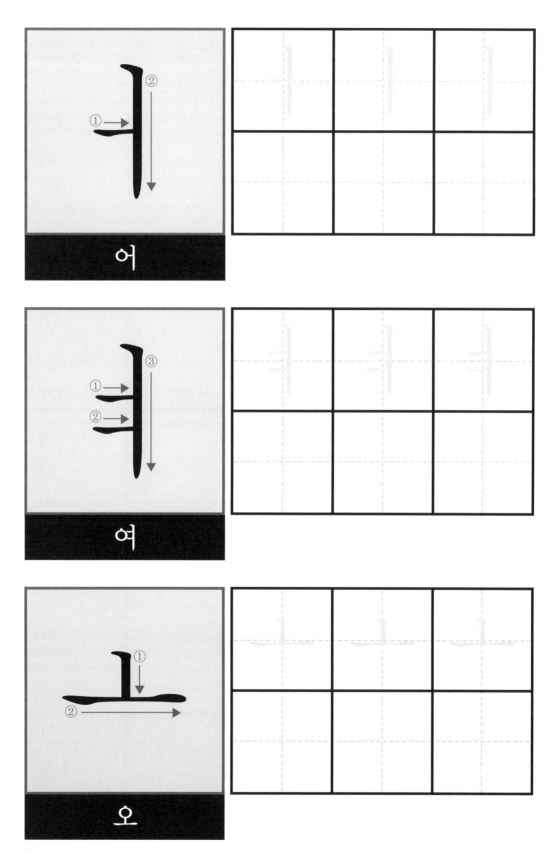

어

여

오

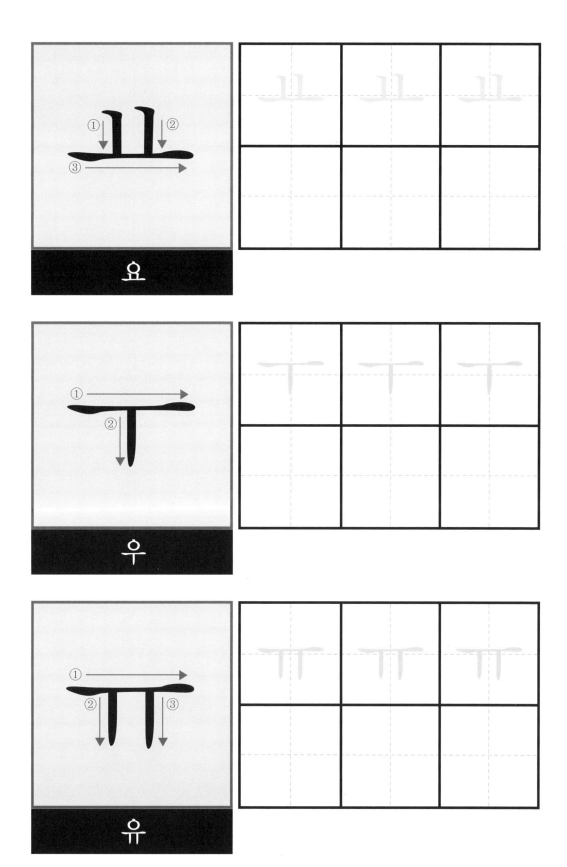

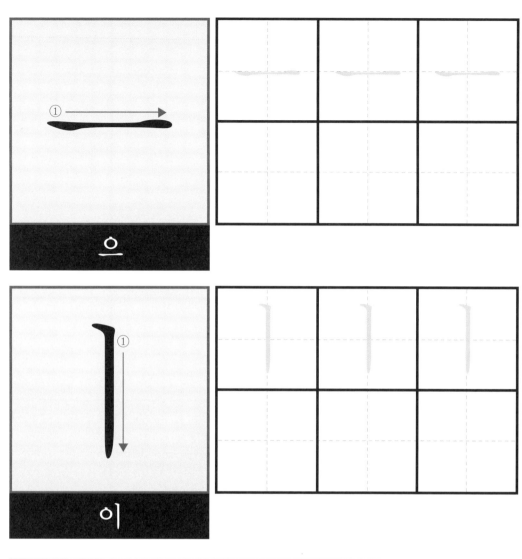

으

이

ㄱ	ㄴ	ㄷ	ㄹ	ㅁ	ㅂ	ㅅ	ㅇ	ㅈ	ㅊ	ㅋ	ㅌ
ㅍ	ㅎ		자음		ㅏ	ㅑ	ㅓ	ㅕ	ㅗ	ㅛ	
ㅜ	ㅠ	ㅡ	ㅣ		모음						

한글은 자음과 모음으로 이루어져 있어요.

ㅇ + ㅏ = 아

ㅃ + ㅏ = 빠

어 + ㅁ = 엄

ㅁ + ㅏ = 마

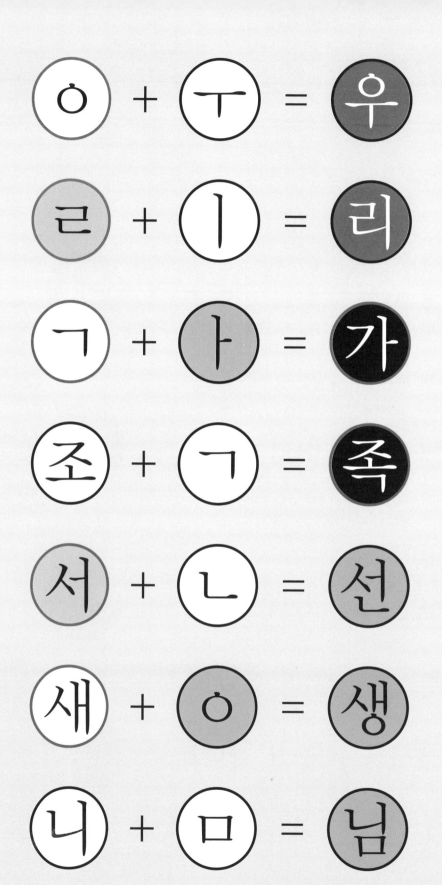

ㅇ + ㅜ = 우

ㄹ + ㅣ = 리

ㄱ + ㅏ = 가

조 + ㄱ = 족

서 + ㄴ = 선

새 + ㅇ = 생

니 + ㅁ = 님

하 + ㄱ = 학

ㄱ + ㅛ = 교

치 + ㄴ = 친

ㄱ + ㅜ = 구

ㄱ + ㅗ = 고

야 + ㅇ = 양

ㅇ + ㅣ = 이

ㅇ + ㅏ = 아

치 + ㅁ = 침

시 + ㄱ = 식

ㅅ + ㅏ = 사

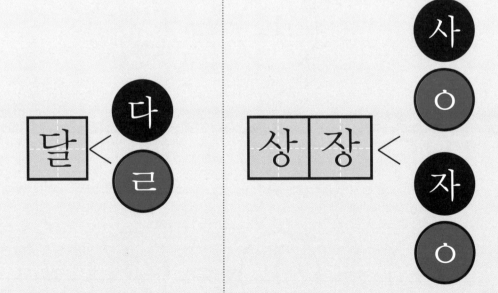

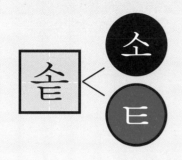

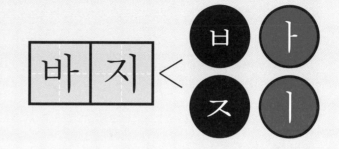

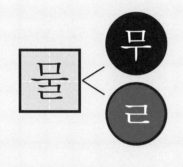

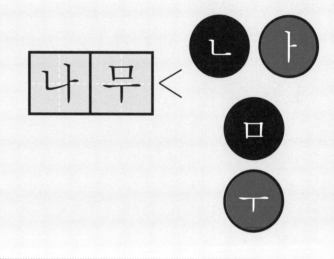

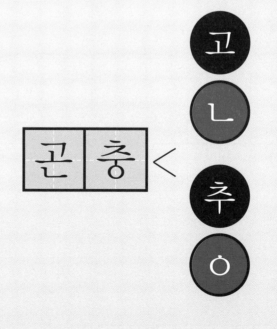

27

	ㅏ	ㅓ	ㅗ	ㅜ	ㅡ	ㅣ	ㅖ
ㄱ	가	거	고	구	그	기	게
ㄴ	나						
ㄷ	다						
ㄹ	라						
ㅁ	마						
ㅂ	바						
ㅅ	사						
ㅇ	아						
ㅈ	자						
ㅊ	차						

	ㅏ	ㅓ	ㅗ	ㅜ	ㅡ	ㅣ	ㅔ
ㅋ	카	커	코	쿠	크	키	케
ㅌ	타						
ㅍ	파						
ㅎ	하						

쉬어가기 위에서 쓴 글자를 짝지어 아래 글자를 만들어 보세요.

숫자 쓰기

숫자 쓰기도 글씨 쓰기에서 빼놓을 수 없는 부분입니다. 숫자는 금액을 표기하거나 전화번호 등을 표기할 때 쓰이기 때문에 정확하게, 그리고 남이 알아볼 수 있도록 또박또박 쓰는 게 중요합니다.

0	1	2	3	4	5	6	7	8	9

0	1	2	3	4	5	6	7	8	9

0	1	2	3	4	5	6	7	8	9

3장
한글 바르게 쓰기

- 자음과 모음의 위치에 유의하면서 기준선에 맞춰서 천천히 또박또박 써 보세요
- 받침 없는 글자를 올바르게 써 봅시다
- 글씨를 올바르게 써 봅시다
- 문장을 올바르게 써 봅시다
- 자음자와 모음자를 합하여 받침 글자를 써 봅시다
- 받침 있는 글자를 올바르게 써 봅시다
- 문장 부호를 바르게 써 봅시다
- 문장 부호의 위치와 크기를 바르게 써 봅시다

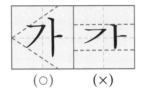

(○)　　(×)

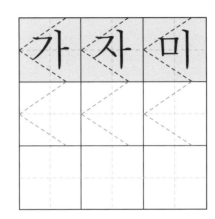

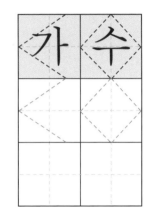

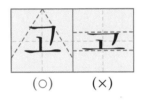

(○)　　(×)

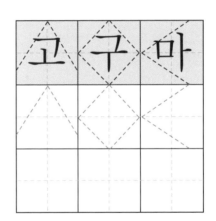

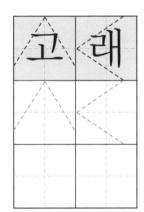

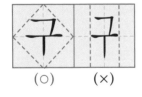

(○)　　(×)

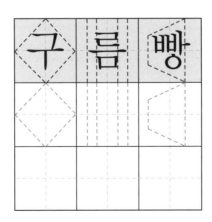

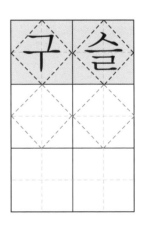

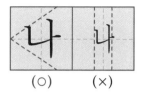
(O)　　(×)

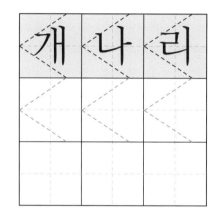

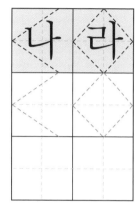

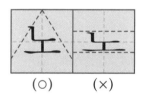
(O)　　(×)

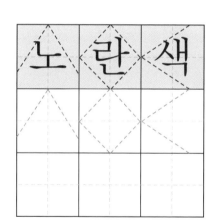

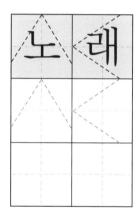

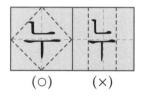
(O)　　(×)

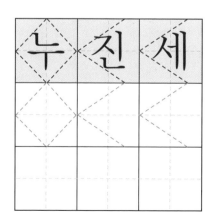

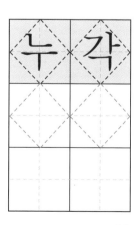

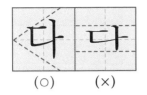
(○)　　(×)

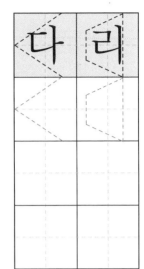

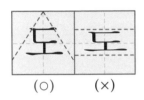
(○)　　(×)

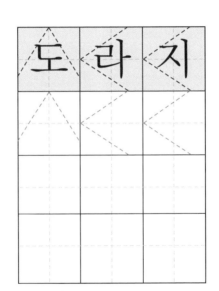

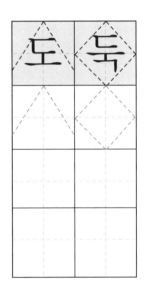

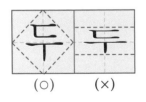
(○)　　(×)

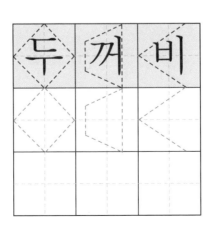

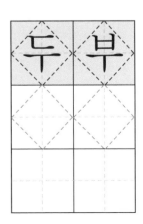

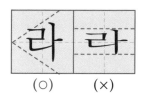

(○)　　(×)

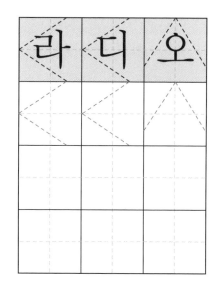

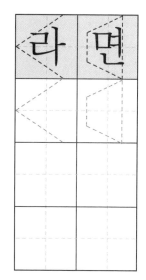

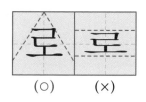

(○)　　(×)

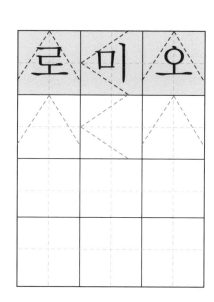

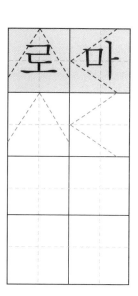

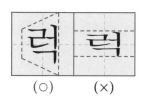

(○)　　(×)

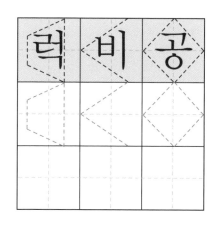

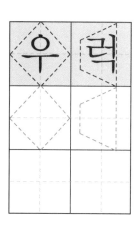

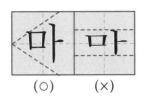
(○) (×)

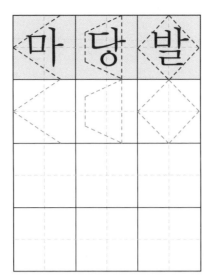

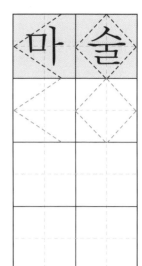

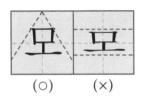
(○) (×)

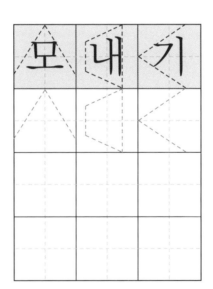

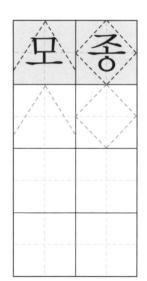

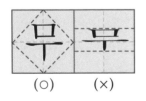
(○) (×)

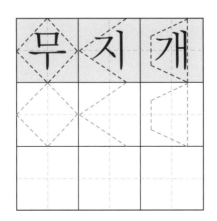

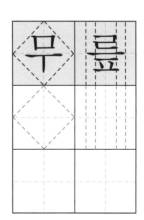

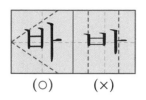

(○) (×)

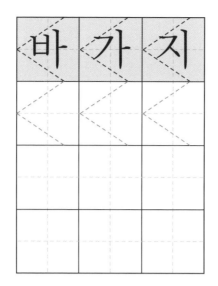

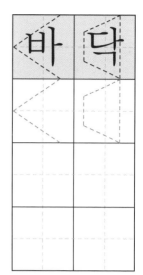

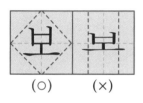

(○) (×)

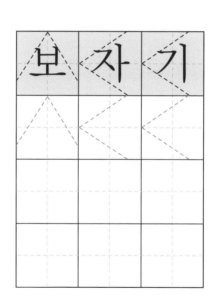

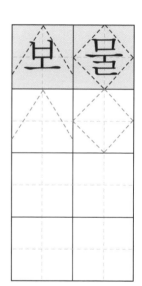

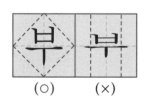

(○) (×)

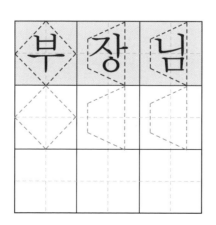

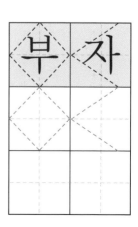

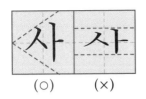

(○)　(×)

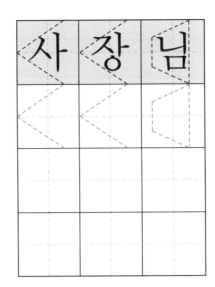 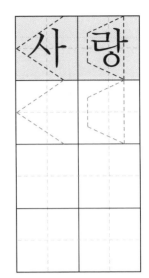

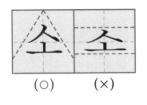

(○)　(×)

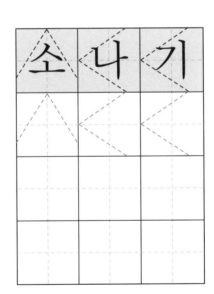 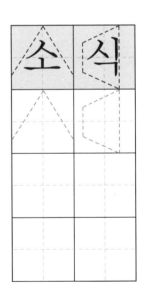

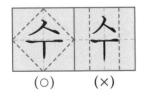

(○)　(×)

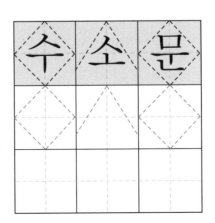 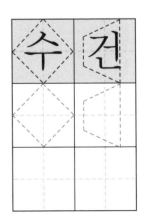

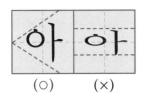

(○)　(×)

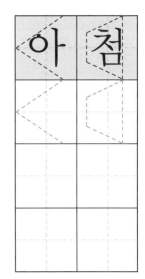

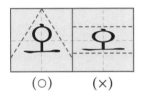

(○)　(×)

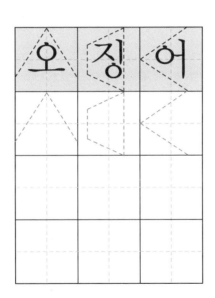

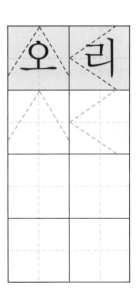

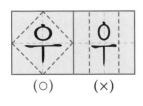

(○)　(×)

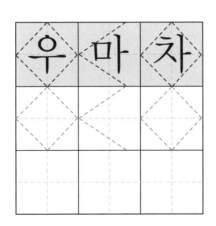

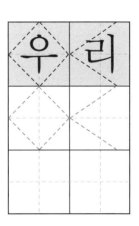

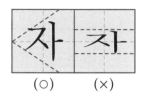

(○)   (×)

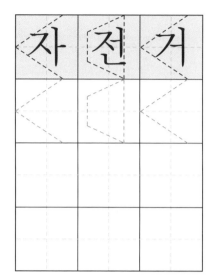

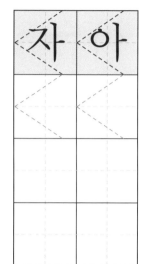

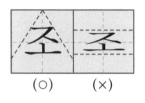

(○)   (×)

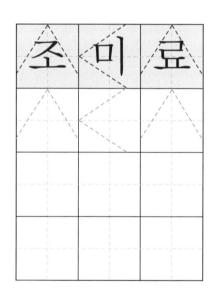

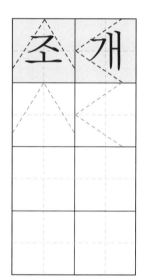

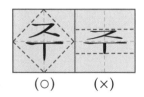

(○)   (×)

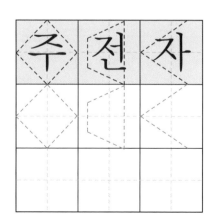

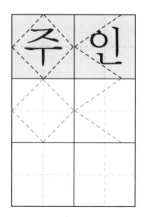

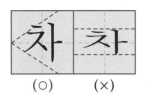

(○)　　(×)

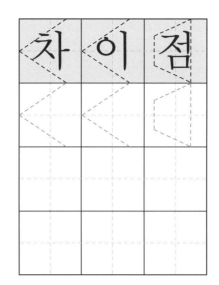

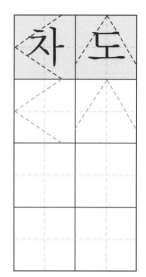

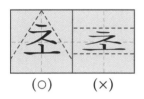

(○)　　(×)

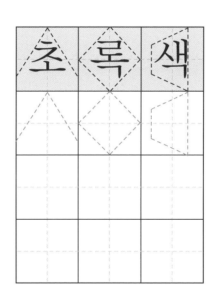

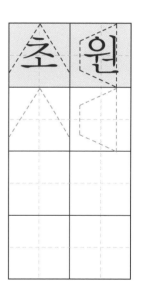

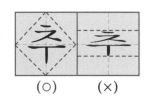

(○)　　(×)

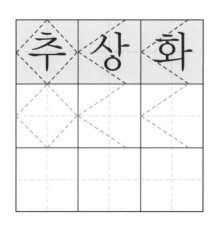

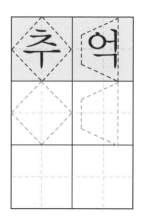

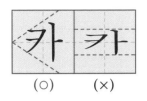

(○)　　(×)

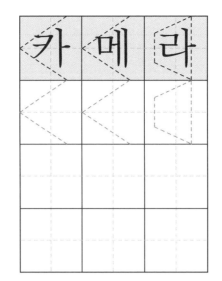

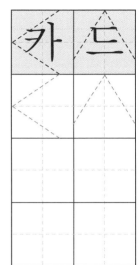

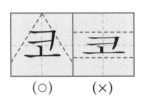

(○)　　(×)

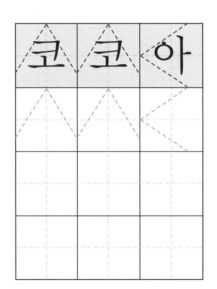

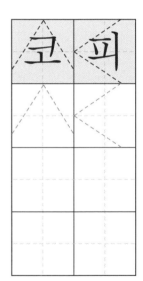

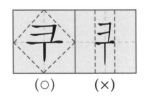

(○)　　(×)

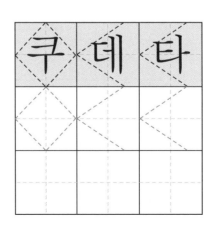

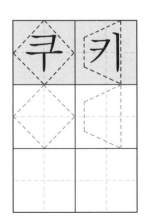

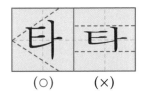

(○)　　(×)

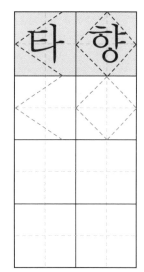

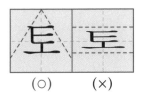

(○)　　(×)

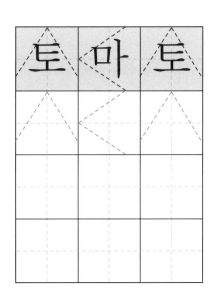

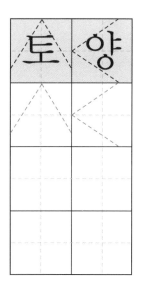

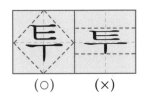

(○)　　(×)

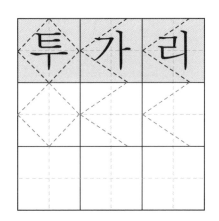

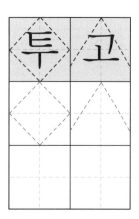

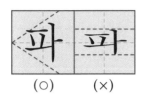
(○) (×)

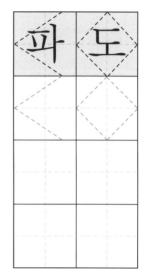

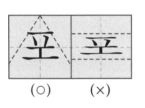
(○) (×)

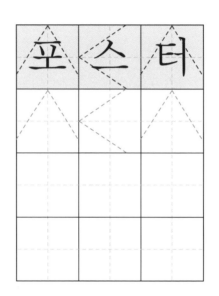

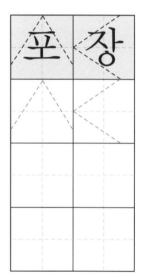

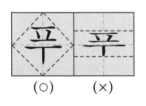
(○) (×)

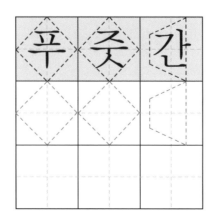

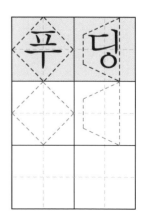

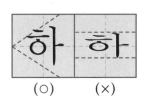
(○)　　(×)

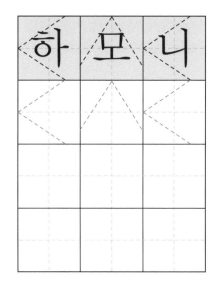

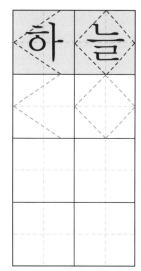

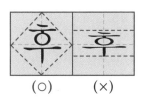
(○)　　(×)

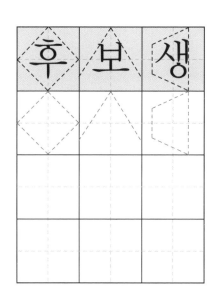

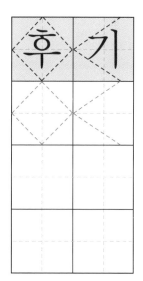

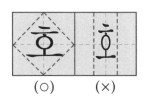
(○)　　(×)

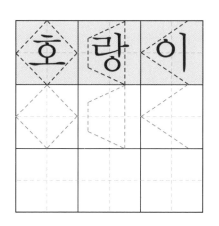

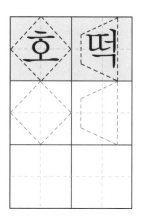

가로세로우리나라

가마보라어미사자

나 비 토 끼 하 마 배 추

자 녀 머 리 차 례 기 타

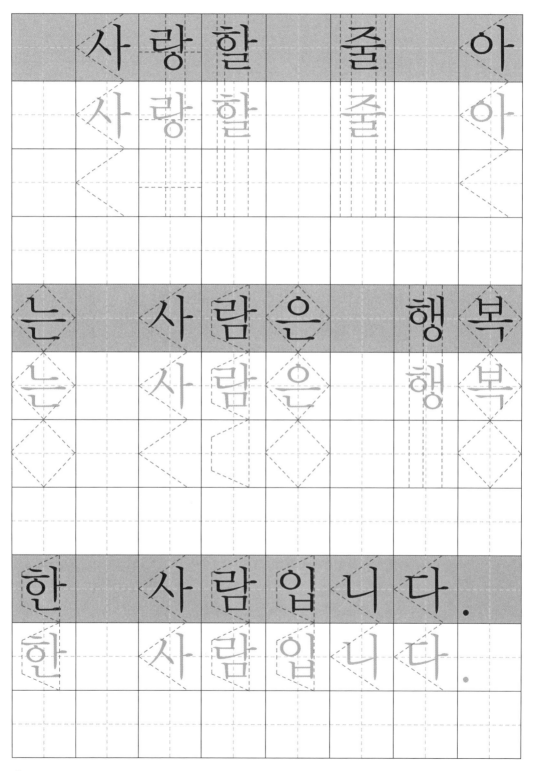

사랑할 줄 아
는 사람은 행복
한 사람입니다.

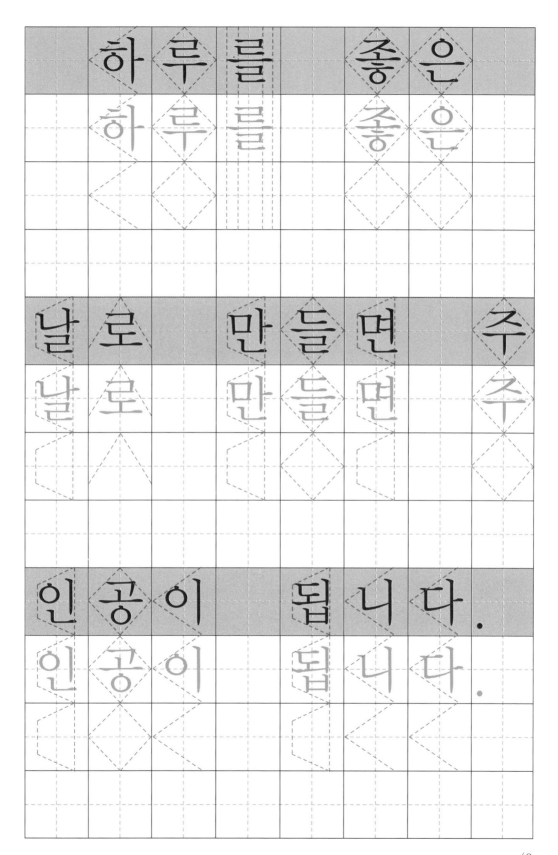

하루를　좋은

하루를　좋은

날로　만들면　주

날로　만들면　주

인공이　됩니다.

인공이　됩니다.

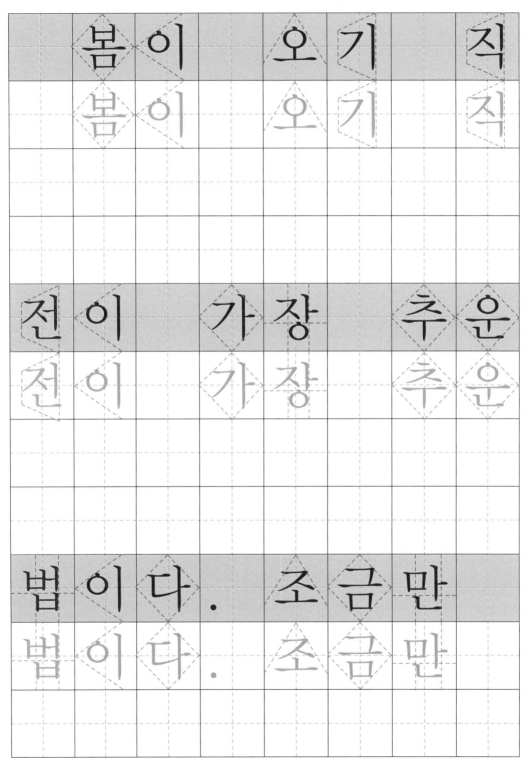

봄이 오기 직

봄이 오기 직

전이 가장 추운

전이 가장 추운

법이다. 조금만

법이다. 조금만

더 　 인 내 하 자 .
더 　 인 내 하 자 .

사 랑 에 는 　 기 쁨

도 　 슬 픔 도 　 있 다

는 　 것 을 　 알 아 라 .
는 　 것 을 　 알 아 라 .

	ㄱ	ㄴ	ㄹ	ㅁ	ㅂ	ㅇ
가	각	간	갈	감	갑	강
나	낙					
더	덕					
러	럭					
모	목					
보	복					
수	숙					
우	욱					
지	직					
치	칙					

52

	ㄱ	ㄴ	ㄹ	ㅁ	ㅂ	ㅇ
코	콕	콘	콜	콤	콥	콩
토	톡					
파	팍					
하	학					
까	깍					
따	딱					
뽀	뽁					
쑤	쑥					
짜	짝					
유	육					
여	역					

은	방	울	꽃	연	못	창	문
은	방	울	꽃	연	못	창	문

강	낭	콩	눈	망	울	동	생
강	낭	콩	눈	망	울	동	생

밤	꽃	벌	통	숲	길	풀	밭
밤	꽃	벌	통	숲	길	풀	밭

웃	음	활	짝	흰	눈	들	판
웃	음	활	짝	흰	눈	들	판

냉	국	채	소	논	밭	작	물
냉	국	채	소	논	밭	작	물
무	릉	도	원	자	연	공	원
무	릉	도	원	자	연	공	원

얼	굴	눈	썹	이	마	입	술
얼	굴	눈	썹	이	마	입	술

가	을	겨	울	높	은	하	늘
가	을	겨	울	높	은	하	늘

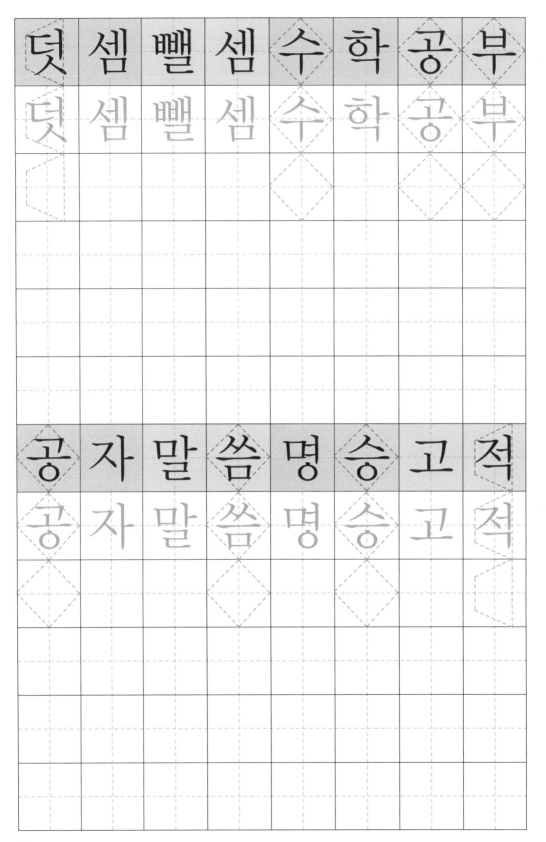

덧	셈	뺄	셈	수	학	공	부
덧	셈	뺄	셈	수	학	공	부

공	자	말	씀	명	승	고	적
공	자	말	씀	명	승	고	적

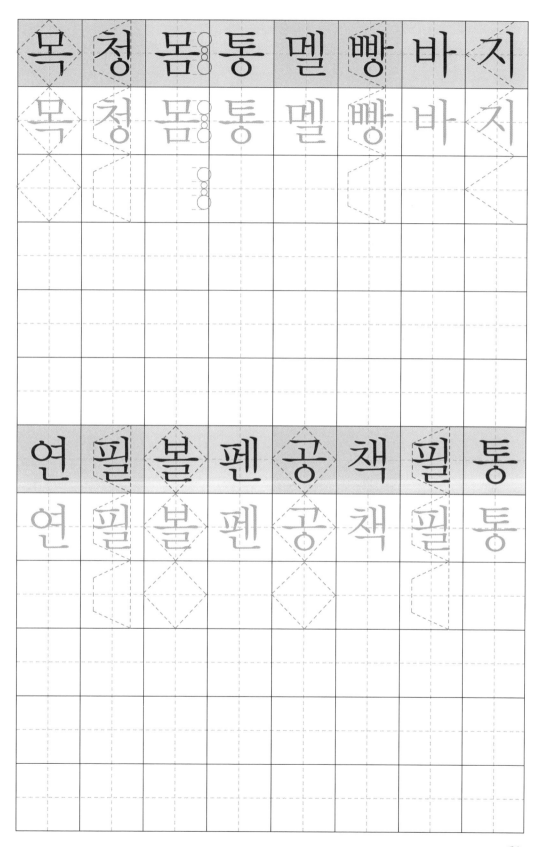

목 청 몸 통 멜 빵 바 지

목 청 몸 통 멜 빵 바 지

연 필 볼 펜 공 책 필 통

연 필 볼 펜 공 책 필 통

문장 부호를 바르게 써 봅시다

문장 부호는 문자 언어에서 말의 단위, 문의 종류, 문자로 나타낼 수 없는 의미 등을 나타내는 부호를 말한다.

문장이 끝날 때 쓰는 부호에는 온점(.), 물음표(?), 느낌표(!)가 있다.

온점(.)은 문장이 끝날 때 사용한다.

물음표(?)는 의문이나 물음을 나타낸다.

느낌표(!)는 감탄, 놀람, 부르짖음, 명령 등 강한 느낌을 나타낸다.

쉼표(,)는 문장 안에서 짧은 쉼, 의미 분화(意味分化), 내포되는 종류 등을 나타낼 때 쓴다.

큰따옴표(" ")는 대화, 인용, 특별 어구 따위를 나타낸다.

작은따옴표(' ')는 따온 말 가운데 다시 따온 말이 들어갈 때나 마음속으로 한 말을 적을 때에 쓴다.

＊ 글자가 원고지의 오른쪽 끝 칸을 차지하여 문장 부호를 찍을 칸이 없을 때는 끝 칸에 글자와 함께 넣거나 오른쪽 여백에 처리한다.

,	.	?	!	"	"
,	.	?	!	"	"

"아 !   '인 생

은 짧고, 예술은

61

길다.'고 했었던

가?"

"영희야, 언제

왔니?"

"오늘따라 달

이 밝구나!"

		"	안	녕	?	"		
응		"	응	,	영	희		왔
어	!		어	서		와	.	"

4장
교과서로 익히는 한글

- 낱말을 익혀 봅시다
- 재미있는 낱말을 써 봅시다
- 글씨를 바르게 쓰면서 받아쓰기 연습을 해 봅시다

나　나

너　너

우리　우리

아버지　아버지

어머니　어머니

아기　아기

우리 가족　우리 가족

우리는 하나　우리는 하나

사랑해요　사랑해요

친구 　 친구

내 　 친구 　 정다운 　 친구

선생님 　 우리 　 선생님

고마운 　 우리 　 선생님

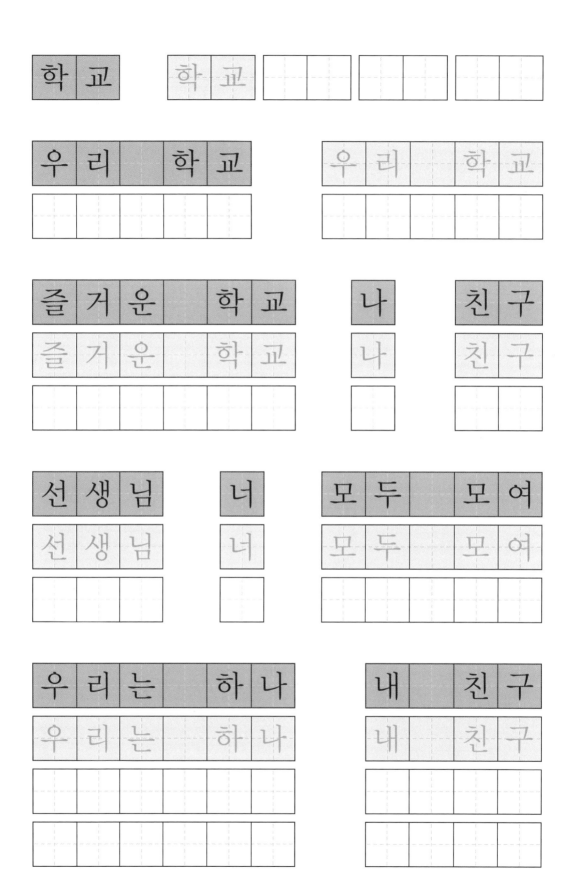

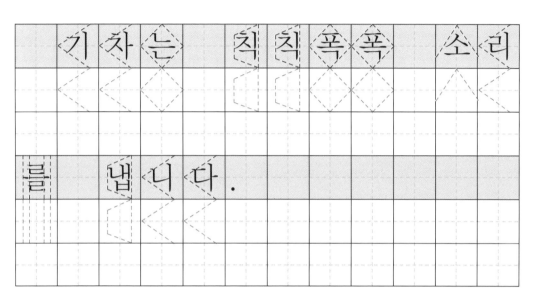

기차는 칙칙폭폭 소리를 냅니다.

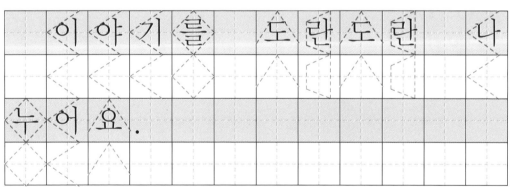

이야기를 도란도란 나누어요.

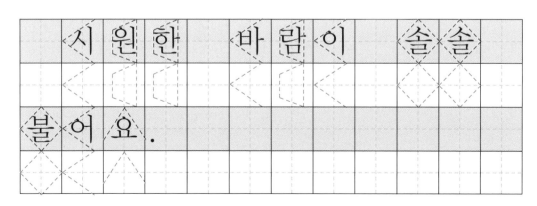

시원한 바람이 솔솔 불어요.

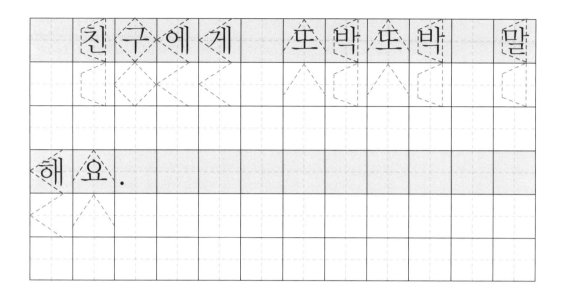

친구에게　또박또박　말

해요.

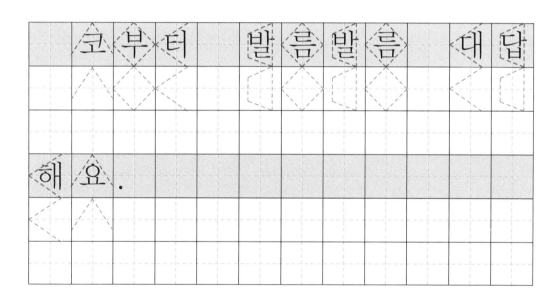

코부터　발름발름　대답

해요.

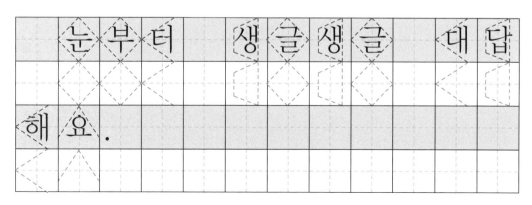

눈부터　생글생글　대답

해요.

아침 해가 방긋방긋

노래해요.

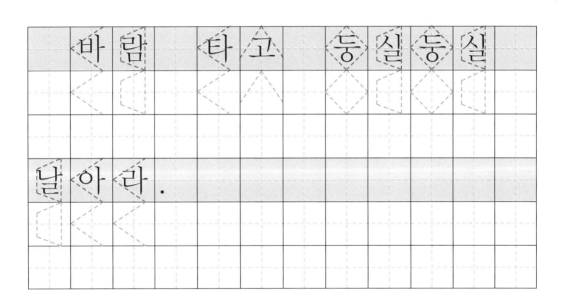

바람 타고 둥실둥실

날아라.

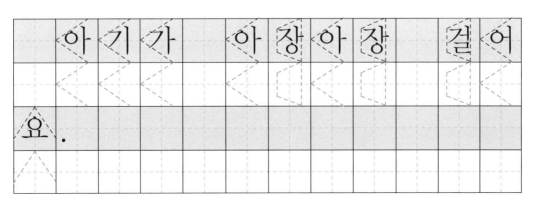

아기가 아장아장 걸어

요.

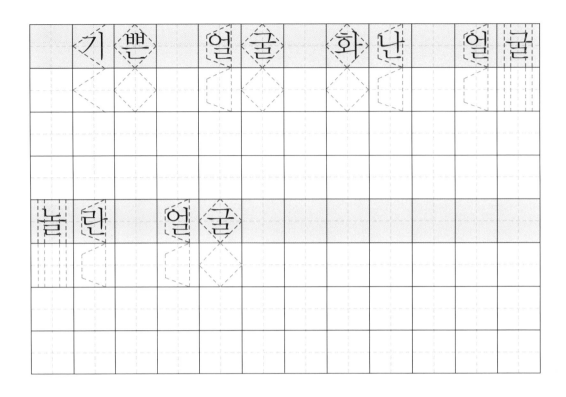

기쁜 얼굴 화난 얼굴

놀란 얼굴

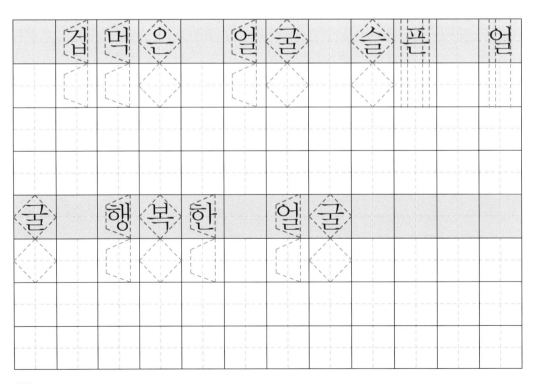

겁먹은 얼굴 슬픈 얼

굴 행복한 얼굴

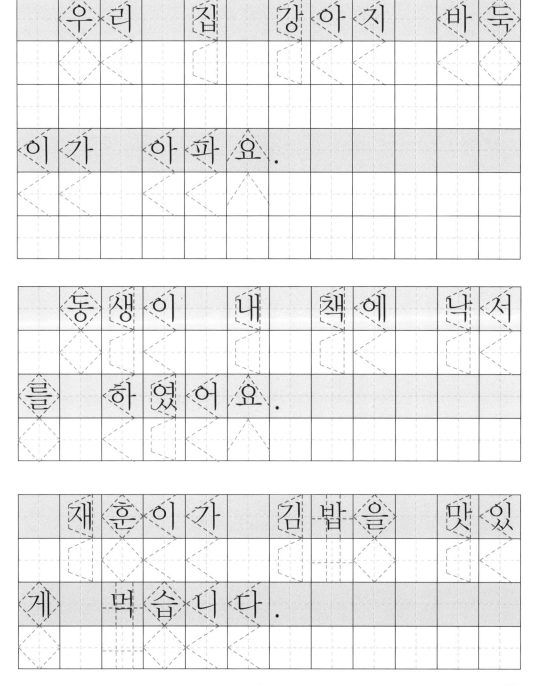

우리 집 강아지 바둑

이가 아파요.

동생이 내 책에 낙서

를 하였어요.

재훈이가 김밥을 맛있

게 먹습니다.

토끼가 즐겁게 노래를

부릅니다.

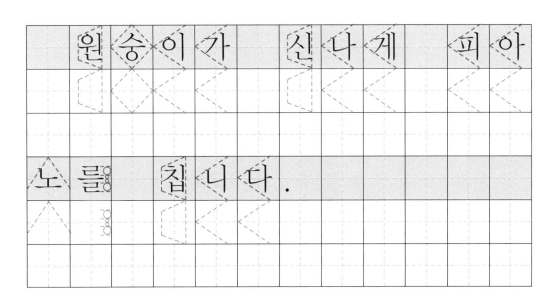

원숭이가 신나게 피아

노를 칩니다.

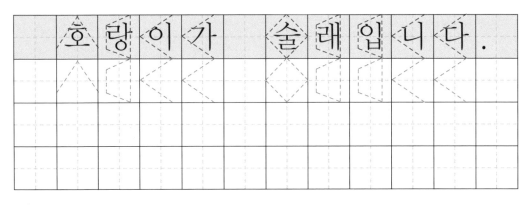

호랑이가 술래입니다.

곰이 나무 뒤에 숨었습니다.

공이 데굴데굴 굴러갑니다.

"애들아, 우리 힘을 합칠까?"

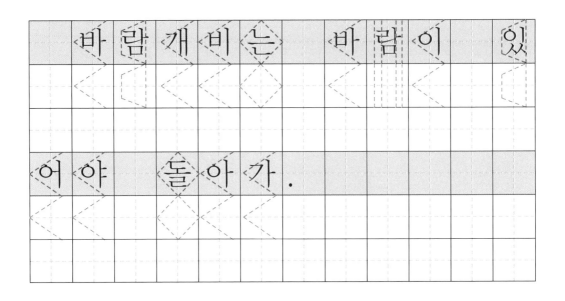

바람개비는 바람이 있어야 돌아가.

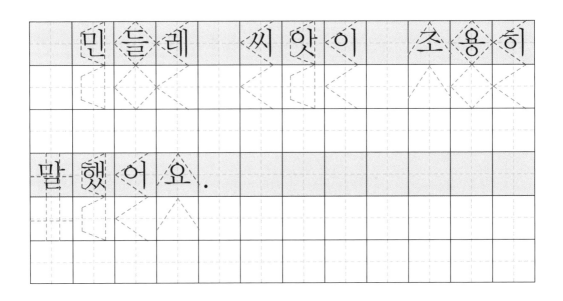

민들레 씨앗이 조용히 말했어요.

비가 세차게 쏟아지는 날

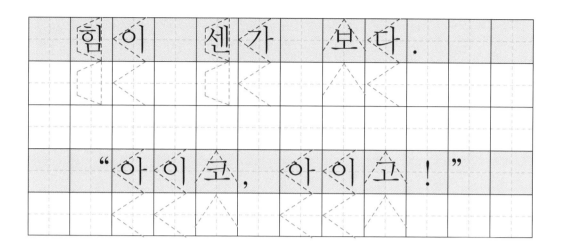

힘이 센가 보다.

"아이코, 아이고!"

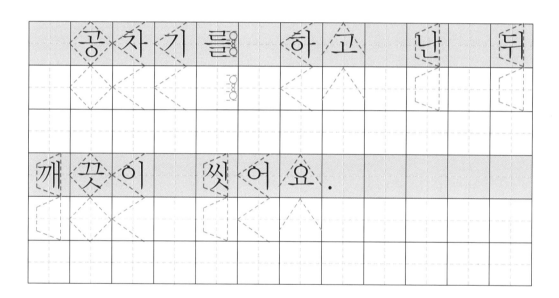

공차기를 하고 난 뒤

깨끗이 씻어요.

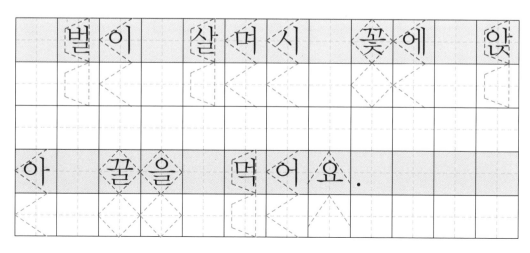

벌이 살며시 꽃에 앉

아 꿀을 먹어요.

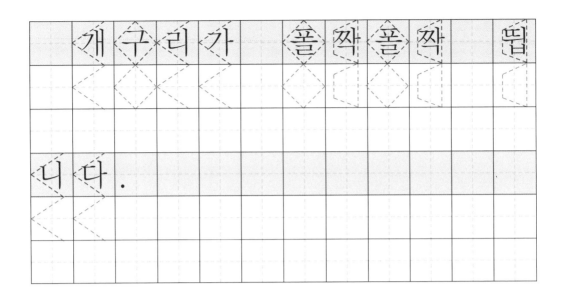

개구리가 폴짝폴짝 뜁
니다.

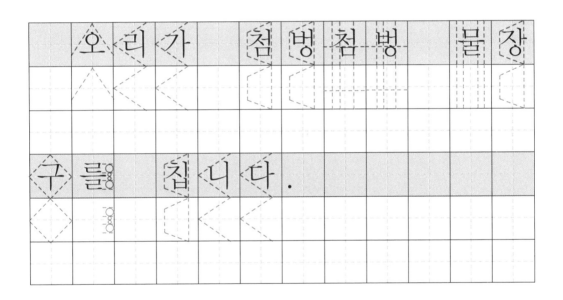

오리가 첨벙첨벙 물장
구를 칩니다.

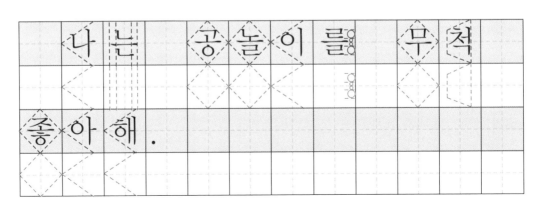

나는 공놀이를 무척
좋아해.

5장
속담으로 익히는 한글

- 속담을 익히며 바르게 써 봅시다
- 쉬어가기 사계절과 자연에서 볼 수 있는 것을
  적어 봅시다

가	는		날	이		장	날	이	다	.

➜ 뜻하지 않은 일이 우연하게도 잘 들어맞았을 때 쓰는 말.

가	는		말	이		고	와	야		오
는		말	이		곱	다	.			

➜ 내가 남에게 좋게 해야 남도 내게 잘 한다는 말.

가	재	는		게		편	이	다	.	

➜ 됨됨이나 형편이 비슷하고 인연 있는 것끼리 서로 편이 되어 어울리고 사정을 보아 줌을 이르는 말.

개	구	리		올	챙	이		적		생
각	을		못		한	다	.			

➜ 자기의 지위가 높아지면 전날의 미천하던 때의 생각을 못 한다는 뜻.

고	래		싸	움	에		새	우		등	∨
터	진	다	.								

➜ 힘센 사람들끼리 서로 싸우는 통에 공연히 약한 사람이 그 사이에 끼여 아무 관계없이 해를 입을 때 쓰는 말.

구	슬	이		서		말	이	라	도		
꿰	어	야		보	배	다	.				

➜ 아무리 훌륭한 일이라도 완전히 끝을 맺어 놓아야 비로소 가치가 있다는 말.

금	강	산	도		식	후	경				

➜ 아무리 좋은 것, 재미있는 일이 있더라도 배가 부르고 난 뒤에야 좋은 줄 안다. 곧, 먹지 않고는 좋은 줄 모른다는 뜻.

뛰	는		놈		위	에		나	는		
놈		있	다	.							

➜ 아무리 재주가 있다 하여도 그보다 나은 사람이 있는 것이니 너무 자랑하지 말라는 뜻.

	까	마	귀		날	자		배		떨	어
진	다	.									

➜ 아무 관계없이 한 일이 공교롭게도 다른 일과 때를 같이하여 둘 사이에 무슨 관계라도 있는 듯한 의심을 받을 때 쓰는 말.

	꿩		먹	고		알		먹	기	

➜ 한 가지 일을 하고 두 가지 이익을 볼 때 쓰는 말.

	낮	말	은		새	가		듣	고		밤
말	은		쥐	가		듣	는	다	.		

➜ 아무리 비밀리에 하는 말도 새어 나가기 쉬우니, 말을 항상 조심해서 하라는 뜻.

	돌	다	리	도		두	들	겨		보	고	V
건	너	라	.									

➜ 아무리 잘 아는 일이라도 조심하여 실수 없게 하라는 뜻.

등	잔		밑	이		어	둡	다	.		

→ 대상에서 가까이 있는 사람이 도리어 대상에 대하여 잘 알기 어렵다는 말.

땅		짚	고		헤	엄	치	기		

→ 땅을 짚고 헤엄치듯이 아주 쉽게 할 수 있는 일을 가리켜 하는 말.

말		한	마	디	에		천		냥
빚	도		갚	는	다	.			

→ 말을 잘 하면 큰 빚도 갚을 수 있다는 말로, 말의 중요성을 나타낸 말.

바	늘		도	둑	이		소		도	둑	∨
된	다	.									

→ 나쁜 행실일수록 점점 더 크고 심하게 되니 아예 나쁜 버릇은 길들이지 말라는 뜻.

병		주	고		약		준	다	.	

→ 일이 안 되도록 방해하고는 도와주는 척한다는 뜻.

	세	살	버	릇	여	든	까	지	∨
간	다	.							

➜ 어려서부터 좋은 버릇을 들여야 한다는 뜻.

	수	박	겉	핥	기				

➜ 내용이나 참뜻은 모르면서 대충 일하는 것을 비유해서 쓰는 말.

	식	은	죽	먹	기				

➜ 어떤 일이 아주 하기 쉽다는 말.

	아	는	길	도	물	어		가	라.

➜ 아무리 익숙한 일이라도 남에게 물어보고 조심함이 안전하다는 뜻.

	원	수	는	외	나	무	다	리	에	서	∨
만	난	다	.								

➜ 남에게 악한 일을 하면 그 죄를 받을 때가 반드시 온다는 뜻.

	윗	물	이		맑	아	야		아	랫	물
도		맑	다	.							

→ 윗사람이 잘못하면 아랫사람도 따라서 잘못하게 된다는 뜻.

	좋	은		약	은		입	에		쓰	다	.

→ 듣기 싫고 귀에 거슬리는 말이라도 제 인격 수양에는 이롭다는 뜻.

	쥐	구	멍	에	도		볕		들		날	∨
있	다	.										

→ 몹시 고생을 하는 삶도 좋은 운수가 터져 좋은 시기를 만날 때가 있다는 말.

	하	룻	강	아	지		범		무	서	운	∨
줄		모	른	다	.							

→ 아직 철이 없어서 아무 것도 모르는 것을 두고 하는 말.

쉬어가기

사계절과 자연에서
볼 수 있는 것을 적어 봅시다

봄, 여름, 가을, 겨울, 나무, 풀,
무당벌레, 단풍, 낙엽, 눈, 숲,
돌멩이, 시냇물, 개나리, 진달래,
산, 바다, 강, 논, 밭

6장
나의 마음을
표현하는 손편지 쓰기

• 마음을 전하는 계절별 손편지 첫 문장 쓰기

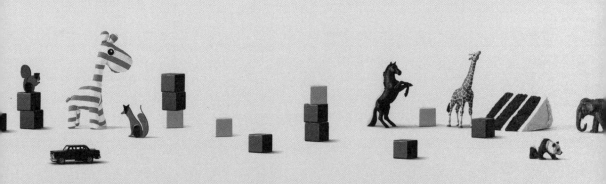

마음을 전하는 계절별 손편지 첫 문장 쓰기

이제까지 한글을 열심히 배웠습니다. 한글을 배운 이유 중 하나는 속마음을 누군가에게 전달하고 싶었기 때문일 겁니다. 내 마음을 전달하는 편지를 쓰거나 일기를 적는 데 있어 첫 문장이 가장 까다롭다고 말합니다. 다음의 계절별 인사말을 참고하여 첫 문장을 열어보세요. 마음을 전하는 일이 한결 수월해집니다.

새해

매서운 추위에 모든 것이 꽁꽁 얼었지만 묵은해가 가고 새해가 되었습니다. 지나간 아쉬움은 떨쳐버리고 새로운 일들을 계획하는 시간을 가져보세요. 여태껏 해보지 못했던 일, 배우고 싶었던 것, 만나고 싶은 사람, 가장 해보고 싶은 것들을 차곡차곡 적어서 실천하는 한 해가 되기를 기원합니다.

올해는 어떤 일들을 계획하고 계신지요?

하얀 겨울과 이별을 하니 새싹이 고개를 드는 봄이 찾아
왔습니다. 며칠 후면 졸업과 입학이 있습니다. 마냥 어리
기만 하다고 생각했던 아이와 떨리는 마음을 안고 운동
장을 들어섰던 일이 새삼 떠오릅니다.
시작과 끝은 늘 함께임을 깨닫게 됩니다. 싱그러운 계절
에 자신이 뭘 좋아하는지 알아가며 행복한 삶을 찾기를
바라는 마음 간절합니다.

계절의 여왕, 오월이 지나고 여름을 알리는 계절입니다. 더위를 슬기롭게 이겨내는 방법을 하나 알려드릴까 합니다. 운동은 어떠세요?

혹시 힘든 일들이 자신을 지치게 하나요? 녹음이 우거진 숲에서 지치고 힘든 일들을 내려놓고 휴식하기를 권해봅니다. 새로운 힘을 느낄 수 있을 겁니다.

청명한 가을하늘이 머리 위에 펼쳐져 있는 계절입니다. 엊그제가 여름이었는데 어느덧 아침저녁으로 제법 시원한 바람이 불어오는 계절이 되었습니다.

가끔은 머리를 들어 하늘을 바라보는 여유와 바람소리를 느껴보세요. 세상이 달라져 보일 겁니다. 강가 풀잎에 맑고 투명한 아침이슬이 내려 영롱한 빛으로 춤추는 듯합니다. 내 마음도 정화되는 것 같습니다.

첫눈이 내린다는 소식을 들었습니다. 낙엽이 소복하게 쌓여 있는 뒷산을 천천히 걷습니다. 자연이 주는 평화와 안식이 위로가 됩니다.

가끔은 하늘을 볼 수 있는 여유를 가지길, 가끔은 차 한 잔의 여유를 가지길, 가끔은 한적한 시골길을 걷는 여유를 가지길, 또 가끔은 자신을 위해 노래하는 여유를 가지길 이 겨울에 희망해 봅니다.

어느덧 한 해를 마무리해야 하는 12월이 되었습니다. 새해를 맞이한 때가 얼마 지나지 않은 것 같은데 벌써 연말이 되었군요. 세월이 유수와 같다는 말이 실감납니다.

올해는 소중한 만남들이 있었습니다. 많은 배려와 사랑에 감사드리며 다가오는 새해에는 더욱 건강하시길 소원합니다.